«Vemos las noticias, le... historias sobre las dific... necesidades son tan m... rradoras, que a menu... orar. El excelente libro de Rachel Jones, *5 razones para orar por tu mundo*, ofrece una guía necesaria para buscar la ayuda de Dios al orar Su Palabra. Podemos sentir impotencia, pero tenemos el oído de un Dios todopoderoso. Que podamos clamarle fielmente por el mundo que nos rodea».

**Melissa Kruger**, autora de *La envidia de Eva* y *Camine con Dios durante su maternidad*

«Desde los discípulos de Jesús hasta el barbero de Martín Lutero y más allá, "enséñanos a orar" ha sido un clamor del corazón que se ha escuchado con frecuencia. *5 razones para orar por tu mundo* te ayudará. Toma una idea antigua, probada y comprobada a lo largo de los tiempos —una lista de oración—, y la convierte en una herramienta que invita a la reflexión, expande la visión y estimula a orar. Es lo suficientemente pequeño como para caber en tu bolsillo, pero lo suficientemente grande como para cambiar tu vida. Simple, pero brillante».

**Dr. Sinclair B. Ferguson**, becario de enseñanza de Ligonier y profesor de teología sistemática en el Seminario Teológico de Westminster

«Todos sabemos que debemos orar por el mundo. Pero ¿por dónde empezar? *5 razones para orar por tu mundo* es una gran opción. Ampliará los horizontes de tus oraciones, además de darles forma con la Palabra de Dios».

**Tim Chester**, Pastor de la iglesia Grace, Boroughbridge, miembro de la facultad de Crosslands Training, y autor de *You Can Pray* [Puedes orar]

«Me encantaron los dos primeros libros de Rachel y este tercero no me decepciona. Orar la Escritura es liberador y estimulante. El nuevo libro de Rachel nos ayuda a hacerlo con cuidado, con sabiduría y con un enfoque bíblico, sin que sea una restricción. Las oraciones que hago como resultado siguen siendo muy mías. Utilizaré este magnífico recurso tanto en mis propias devociones como en la vida de la iglesia».

**Adrian Reynolds**, Director de formación, Comunidad de Iglesias Evangélicas Independientes

«Vivimos en un mundo roto. Muchos, en Gran Bretaña y en el extranjero, no conocen a Jesús ni Su obra salvadora en la cruz. El sufrimiento y la injusticia se ven a cada paso. Pero hay esperanza, en esta vida y en la siguiente. *5 razones para orar por tu mundo* nos recuerda los buenos planes y propósitos de Dios para Su creación, y nos anima a dirigirnos a Él con peticiones que se ajusten a Su voluntad. Este pequeño y fantástico libro enriquecerá cualquier vida de oración y actuará como un gran estímulo para la misión cerca y lejos. Un gran recurso para los que aman la oración, y una maravillosa guía para aquellos a los que les cuesta orar».

**Helen Thorne**, Directora de formación y tutoría, London City Mission

# 5 RAZONES PARA ORAR POR EL MUNDO

Oraciones que transforman a tu
comunidad, tu nación y
el mundo entero

**RACHEL JONES**

SERIE EDITADA POR CARL LAFERTON

# 5 RAZONES PARA ORAR POR EL MUNDO

Oraciones que transforman a tu
comunidad, tu nación y
el mundo entero

## RACHEL JONES
### SERIE EDITADA POR CARL LAFERTON

B&H
ESPAÑOL
BRENTWOOD, TENNESSEE

5 razones para orar por el mundo: Oraciones que transforman a tu comunidad, tu nación y el mundo entero

Copyright © 2023 por Rachel Jones
Todos los derechos reservados.
Derechos internacionales registrados.

B&H Publishing Group
Brentwood, TN 37027

Diseño de portada: B&H Español

Director editorial: Giancarlo Montemayor
Editor de proyectos: Joel Rosario
Coordinadora de proyectos: Cristina O'Shee

Clasificación Decimal Dewey: 248.3
Clasifíquese: ORACIÓN/ MEDITACIONES/ CULTURA

ISBN: 978-1-0877-6799-4

Impreso en EE. UU.
1 2 3 4 5 * 26 25 24 23

# CONTENIDO

## POR TU MUNDO

# INTRODUCCIÓN A LA SERIE

Me pregunto si alguna vez te costó creer este famoso versículo de la Biblia:

> «La oración del justo es poderosa y eficaz». (Sant. 5:16)

Santiago nos dice que cuando la gente justa ora oraciones justas, algo sucede. Las cosas cambian. Las oraciones del pueblo de Dios son poderosas. Pero no son poderosas porque nosotros seamos poderosos, o porque las palabras que decimos sean de alguna manera mágicas, sino porque la Persona a la que oramos es infinita e inimaginablemente poderosa. Y nuestras oraciones son eficaces, no porque seamos especiales, o porque haya una fórmula especial que utilizar, sino porque el Dios al que oramos se complace en responder a nuestras oraciones y cambiar el mundo gracias a ellas.

Entonces, ¿cuál es el secreto de la oración eficaz? ¿Cómo puedes pronunciar oraciones que realmente cambien las cosas? Santiago sugiere dos preguntas que debemos hacernos.

Primero, ¿eres justo? Una persona justa es alguien que tiene una relación correcta con Dios, alguien quien, a través de la fe en Jesús, ha sido perdonado y aceptado como hijo de Dios. Cuando oras, ¿lo haces no solo a tu Hacedor, no solo a tu Gobernante, sino a tu Padre celestial, que te ha perdonado completamente a través de Jesús?

En segundo lugar, ¿reflejan tus oraciones esa relación? Si sabemos que Dios es nuestro Hacedor, nuestro Gobernante y nuestro Padre, querremos orar oraciones que le agraden, que reflejen Sus deseos, que se alineen con Sus prioridades para nuestras vidas y para el mundo. La clase de oración que realmente cambia las cosas es la que ofrece un hijo de Dios que refleja el corazón de Dios.

Para eso está este pequeño libro. Te guiará sobre cómo orar por el mundo, tanto cerca de casa como más allá, en veintiún ámbitos y situaciones diferentes. En cierto sentido, cada página es una extensión de lo que nuestro Señor nos enseñó a orar: «Hágase tu voluntad en la tierra como en el cielo» (Mat. 6:10). La voluntad de Dios es que este sea un mundo que refleje Su carácter: un mundo de amor, de verdad, de justicia y, sobre todo, de adoración cada vez mayor a Su Hijo. Cada sugerencia de oración se basa en un pasaje de la Biblia, por lo que puedes estar seguro de que son oraciones que Dios quiere que hagas por Su mundo.

Hay cinco cosas diferentes para orar por cada uno de los veintiún aspectos. Así que puedes utilizar este libro de diversas maneras.

- *Puedes orar una serie de «cinco oraciones» cada día, en el transcurso de tres semanas, y luego empezar de nuevo.*

- *Puedes tomar uno de los temas de oración y orar una parte cada día de lunes a viernes.*

- *Puedes ir entrando y saliendo, cuando quieras y necesites orar por un aspecto concreto del mundo que te rodea.*

- *También hay un espacio en cada página para que escribas los nombres de personas, organizaciones o lugares específicos que quieras recordar en oración.*

Esta no es de ninguna manera una guía exhaustiva, ¡hay muchas más cosas por las que puedes orar en este mundo! Pero puedes estar seguro de que, al utilizarla, estás haciendo grandes oraciones, las que Dios quiere que hagas. Y Dios promete que «la oración del justo es poderosa y eficaz». Una promesa a la que vale la pena aferrarse con confianza. Al orar confiando en esta promesa, cambiará nuestra forma de orar y lo que esperamos de nuestras oraciones.

Cuando las personas justas hacen oraciones justas, algo sucede. Las cosas cambian. Así que cuando utilices este libro para guiar tus oraciones, anímate, estate expectante y mantén los ojos abiertos para que Dios haga «muchísimo más que todo lo que podamos imaginarnos o pedir» (Ef. 3:20). Él es poderoso; y tus oraciones también lo son.

**Carl Laferton**
Director editorial
The Good Book Company

# 5 RAZONES PARA ORAR

## POR TU COMUNIDAD

# TU IGLESIA EN LA COMUNIDAD

## 2 TESALONICENSES 3:1-5

## PERSONAS POR LAS QUE ORAR:

_____

_____

_____

_____

*Padre, por favor, concédeme…*

## 1 HONOR PARA CRISTO

*«Por último, hermanos, oren por nosotros
para que el mensaje del Señor se difunda
rápidamente y se le reciba con honor, tal
como sucedió entre ustedes» (v. 1).*

Agradece a Dios por todas las personas de la familia
de tu iglesia que han honrado a Cristo sometiendo
sus vidas a Él. Ora para que el mensaje de Jesús se
extienda rápidamente en tu comunidad, a medida
que más y más personas honren a Cristo como su
Señor y Salvador.

## 2 PROTECCIÓN

*«Oren además para que seamos librados
de personas perversas y malvadas, porque
no todos tienen fe» (v. 2).*

Si una iglesia no se enfrenta a la oposición de la
comunidad, a veces es porque no se está arriesgando
con la verdad. Así que pídele a Dios que te haga

audaz. Ora por una protección especial para los líderes de tu iglesia cuando ministran en situaciones de riesgo y proclaman verdades impopulares.

 ## OBEDIENCIA

*«Confiamos en el Señor de que ustedes cumplen y seguirán cumpliendo lo que les hemos enseñado» (v. 4).*

Pídele a Dios que ayude a tu familia de la iglesia a ser obediente a todo lo que Él manda en Su Palabra: en el trabajo y en casa, en público y en privado, en lo que dicen y en lo que hacen. Ora para que sus vidas distintivas sean un poderoso testimonio para los que los rodean.

 ## AMOR

*«Que el Señor los lleve a amar como Dios ama...» (v. 5).*

Agradece a Dios Su profundo e insondable amor por ti. Ora para que este amor se desborde en la forma en que tu familia de la iglesia se trata unos a otros, de modo que, cuando el mundo solitario mire, vea algo atractivamente contracultural. Pídele a Dios que te haga mejorar para acoger a los recién llegados y a los forasteros con este amor también.

**PERSEVERANCIA**

*«... perseverar como Cristo perseveró»*
*(v. 5).*

Con el paso de los años y las décadas, ora para que no te canses de compartir a Cristo con tus amigos y vecinos. Ora por personas concretas que conozcas y que hayan entrado en la órbita de la iglesia y hayan escuchado el evangelio, pero que hayan permanecido indiferentes o se hayan alejado. Pide a Dios que te ayude a perseverar en tu testimonio hacia ellos.

# 5 RAZONES PARA ORAR

## POR TU COMUNIDAD

# LAS VIVIENDAS EN TU CALLE

## 1 PEDRO 2:11-12

## PERSONAS POR LAS QUE ORAR:

_____

_____

_____

_____

*Padre Dios, ayúdame a …*

## RECORDAR MI VERDADERO HOGAR

> *«… Como a extranjeros y peregrinos…» (v. 11).*

Agradece a Dios que te está preparando un hogar eterno, un lugar de perfecta seguridad, amor, comodidad y gozo. Eres (y a veces te sentirás) un «extranjero» y un «peregrino» en tu calle, porque eres un ciudadano del cielo. Pídele a Dios que mantenga tus ojos fijos en tu futuro para que puedas vivir con gozo y confianza, sabiendo a dónde te diriges.

## LUCHAR CONTRA EL PECADO

> *Pide a Dios que te ayude a apartarte «de los deseos pecaminosos, que combaten contra la vida» (v. 11).*

Los cristianos no estamos en guerra con el mundo que nos rodea, sino con el pecado que llevamos dentro.

¿De qué manera tus «deseos pecaminosos» dañan a tus vecinos? (¿Chisme? ¿Codicia? ¿Indiferencia perezosa?). Arrepiéntete ante Dios ahora y pide a Su Espíritu que te capacite para luchar contra el pecado.

 ## HACER EL BIEN

> *«Mantengan entre los incrédulos una conducta tan ejemplar…» (v. 12).*

Piensa en oración en algunas formas prácticas de hacer el bien a tus vecinos esta semana. Pide la ayuda de Dios para mostrar un interés genuino, una hospitalidad radical y un amor real a los que viven a tu alrededor.

 ## ESPERAR LA ACUSACIÓN

> *«… aunque los acusen de hacer el mal…» (v. 12).*

Si vivimos y hablamos de todo corazón por Jesús, podemos esperar encontrar alguna oposición, sin importar lo «amables» que seamos. Pídele a Dios que te dé una actitud que espere y acepte esto, para que no rehúyas abordar conversaciones incómodas o dar invitaciones a la iglesia.

 ## GLORIFICAR A DIOS

> *«… ellos observen las buenas obras de ustedes y glorifiquen a Dios en el día de la salvación» (v. 12).*

El día en que Jesús regrese, cada persona de tu calle doblará la rodilla ante Él. Pero ora para que tus vecinos lo hagan ahora, de buena gana, para que ese día se encuentren con Jesús como su Salvador y también como su Juez. Dedica un tiempo a orar por algunos de tus vecinos por su nombre.

# 5

## RAZONES PARA ORAR

### POR TU COMUNIDAD

## UNA ESCUELA LOCAL

**PROVERBIOS 1:1-7**

_____

_____

_____

_____

## AGRADECE A DIOS

*Agradece a Dios que nos ha proporcionado todo lo que necesitamos «para adquirir sabiduría y disciplina; para discernir palabras de inteligencia» en Su Palabra (vv. 1-2).*

Mientras que las mentes humanas se preguntan por el rompecabezas de cómo funciona el mundo que nos rodea, Dios no nos ha dejado adivinar la cuestión del porqué: nos lo ha dicho claramente a través de la Escritura. ¡Gracias a Dios por ello!

*Entonces ora para que Dios haga de esta escuela un lugar donde los estudiantes y los profesores...*

## SE PREPAREN PARA EL FUTURO

*Ora para que los estudiantes aprendan el comportamiento «que [da] la prudencia» (v. 3).*

Gracias a Dios por la forma en que utiliza la educación como instrumento de Su gracia común para frenar los efectos del pecado en la sociedad. Ora para que esta escuela enseñe a los niños un comportamiento prudente, y los prepare para tomar decisiones que hagan el bien, y no el daño, a los demás cuando crezcan.

## 3 AMEN LA EQUIDAD

*Ora para que los estudiantes aprendan a hacer «la rectitud, la justicia y la equidad» a los ojos de Dios (v. 3).*

A veces, parece que la definición de bien y mal de nuestra cultura se aleja cada vez más de la definición de la Biblia. Pero ora para que a los niños de esta escuela se les enseñe que lo que Dios considera rectitud es realmente rectitud; que lo que Dios dice que es justo es realmente justo; y que lo que Dios dice que es equidad es realmente equidad.

## 4 APRENDAN DISCRECIÓN

*Pide a Dios que enseñe «discreción en los jóvenes» (v. 4).*

Los niños pueden ser muy crueles con sus palabras. Así que ora para que estos niños aprendan a controlar sus lenguas y hablen con palabras amables y pacientes, no ofensivas o crueles.

## 5 TEMAN A DIOS

*«El temor del SEÑOR es el principio del conocimiento» (v. 7).*

Ora para que los estudiantes y los profesores lleguen a temer a Dios y se den cuenta de que esto es mucho más importante que todo el conocimiento que ofrece el mundo. Ora por los profesores cristianos que conozcas, y por cualquier otra persona que tenga la oportunidad de dar testimonio del evangelio. Pide que ellos también teman a Dios, no a las personas, y que hablen con fidelidad y valentía de Jesús.

# 5

## RAZONES
## PARA ORAR

### POR TU COMUNIDAD

# CENTROS
# DE TRABAJO
# LOCALES

**GÉNESIS 1:27-29;
3:17-19**

## LUGARES DE TRABAJO POR LOS QUE ORAR:

_____

_____

_____

_____

*Ora para que las empresas locales y los lugares de trabajo...*

## 1 REFLEJEN LA IMAGEN DE DIOS

*Agradece a Dios que «creó al ser humano a su imagen» (1:27).*

Agradece a Dios que esta verdad da dignidad real al trabajo de cada persona: cuando trabajamos, estamos reflejando la imagen de nuestro Dios Creador, sin importar lo «insignificante» que sea nuestro trabajo. Ora para que el personal de este lugar de trabajo llegue a abrazar esta verdad.

## 2 TRABAJEN JUNTOS

*«Hombre y mujer los creó» (1:27).*

Los seres humanos podemos hacer más juntos que por nuestra cuenta, porque así nos hizo Dios. Y cuando trabajamos juntos, reflejamos algo de nuestro Dios que es tres en uno. Así que agradece a Dios por las muchas personas diferentes que trabajan juntas en este lugar, y pídele que bendiga sus relaciones de trabajo. Ora para que sus diferentes habilidades y experiencias se unan en la gran tarea de gobernar el mundo creado por Dios, y todo para Su gloria.

## DISFRUTEN PROSPERIDAD

> *«Yo les doy de la tierra todas las plantas que producen semilla y todos los árboles que dan fruto con semilla»* (1:29).

Agradece a Dios por la abundante provisión de Su creación: en el mundo natural ha proporcionado toda la materia prima que este negocio necesita para florecer. Ora para que haga que este negocio prospere a medida que la gente ponga en práctica los dones de Dios.

## CUIDEN LA TIERRA

> *«... dominen a los peces del mar y a las aves del cielo, y a todos los reptiles que se arrastran por el suelo»* (1:28).

Dios ha dado a la humanidad la tierra para que la utilice, pero también para que la cuide. Ora para que esta empresa realice su trabajo de forma que proteja y cuide a otras personas y al medio ambiente.

**MIREN AL QUE APLASTÓ LA CABEZA DE LA SERPIENTE**

*Ora por aquellos que experimentan «penosos trabajos» y se enfrentan a «cardos y espinas» (3:17-18).*

El trabajo es bueno, pero a causa del pecado, también es frustrante. Agradece a Dios que Aquel que Él prometió enviar para «[aplastar] la cabeza [de la serpiente]» (3:15) y anular los efectos del pecado en efecto vino. Ora para que los frustrados por el trabajo comprendan por qué el mundo no es como debería ser, y miren a Cristo, que volverá a arreglar todas las cosas cuando regrese.

# 5 RAZONES PARA ORAR

# HOSPITALES Y SERVICIOS DE URGENCIA

## 2 CORINTIOS 1:3-11

**PERSONAS Y LUGARES POR LOS QUE ORAR:**

_____

_____

_____

_____

## ALABA A DIOS

*Alaba a Dios porque Él es «Padre mise-
ricordioso y Dios de toda consolación,
quien nos consuela en todas nuestras tri-
bulaciones» (vv. 3-4).*

Recuerda las situaciones de emergencia o períodos
de mala salud en los que Dios te ha consolado. Agradece a Dios que está dispuesto a consolar a todos los
que acuden a Él en busca de ayuda.

## CONSUELO EN LOS PROBLEMAS

*«… para que, con el mismo consuelo que
de Dios hemos recibido, también nosotros podamos consolar a todos los que
sufren» (v. 4).*

Ora para que los médicos, las enfermeras, los capellanes y los pacientes cristianos tengan la oportunidad
de compartir algo de su propia fe con los que tienen
problemas. Pide a Dios que les ayude a hablar de la
única buena noticia que puede ofrecer un consuelo

duradero: que Cristo puede sanar nuestra relación con Dios para que podamos disfrutar de la vida en plenitud, para siempre. Ora por los nombres de los cristianos que conoces personalmente.

 ## CONFIANZA EN DIOS

> *«… nos sentíamos como sentenciados a muerte. Pero esto sucedió para que no confiáramos en nosotros mismos, sino en Dios, que resucita a los muertos» (v. 9).*

Por muy buena que sea nuestra atención médica, solo Dios controla la vida y la muerte. Ora para que tanto los pacientes como los profesionales lleguen a apreciar su propia impotencia ante la muerte y se vuelvan a confiar en Dios, que resucita a los muertos.

## LIBERACIÓN DEL PELIGRO

> *«Él nos libró y nos librará de tal peligro de muerte. En él tenemos puesta nuestra esperanza, y él seguirá librándonos…» (v. 10).*

A Dios le encanta librar a las personas del peligro, incluso de la mala salud; en Su gracia, a menudo actúa a través de la habilidad de médicos y enfermeras. Pídele que se sirva de estos profesionales para salvar muchas vidas y devolver la salud a las personas.

# 5 RESPUESTA A LA ORACIÓN

«... ustedes nos ayudan orando por nosotros. Así muchos darán gracias a Dios por nosotros a causa del don que se nos ha concedido en respuesta a tantas oraciones» (v. 11).

Da gracias por la forma en que Dios ha respondido a tus oraciones en el pasado. ¿A quién más puedes «ayudar con tus oraciones» ahora mismo?

# 5 RAZONES PARA ORAR

POR TU COMUNIDAD

# LOS POBRES Y MARGINADOS

## ISAÍAS 58:6-11

## PERSONAS Y LUGARES POR LOS QUE ORAR:

_____

_____

_____

_____

*Padre, en tu misericordia, por favor concede…*

## 1 JUSTICIA A LOS OPRIMIDOS

*«… romper las cadenas de injusticia» (v. 6).*

Alaba a Dios porque es perfectamente justo: se preocupa apasionadamente por los que están oprimidos por bajos salarios, prácticas laborales injustas y mala salud. Ora para que tu iglesia también se apasione por estas cosas. Pide a Dios que te muestre cómo quiere que gastes tu dinero, emitas tu voto y des tu tiempo para «romper las cadenas de injusticia».

## 2 ALIMENTO A LOS HAMBRIENTOS

*«… compartir tu pan con el hambriento…»*
*(v. 7).*

¿Quién es el «hambriento» en tu comunidad? ¿Y cómo sería «compartir» tu alimento con él, no solo darle tu comida? A menudo, nuestros caminos no parecen cruzarse con los de las personas necesitadas, pero pide a Dios que te dé ojos para ver a esas personas. Ora para que te abra un camino para ayudarlas en la práctica, al mismo tiempo que les tiendes la mano con una amistad genuina.

## 3 ALBERGUE A INDIGENTES

*«… dar refugio a los pobres sin techo…»*
*(v. 7).*

Ora por los indigentes de tu zona; por los que son fáciles de ver, porque viven en la calle, pero también por los que son más difíciles de ver, porque viven en viviendas temporales e inadecuadas. Pide a Dios que ayude a las autoridades y a las organizaciones benéficas que trabajan para darles cobijo.

## 4 RESPETO A LOS POBRES

*«… Si desechas […] el dedo acusador y la*
*lengua maliciosa» (v. 9).*

¿A quién se desprecia en tu comunidad? ¿A los desempleados, las «familias problemáticas», los adictos, los que hablan un idioma diferente? Arrepiéntete de cualquier forma en la que tú mismo hayas «acusado con el dedo» a los pobres. Pide a Dios que te ayude a honrar a los pobres en tu forma de pensar y hablar de ellos.

# 5 AGUAS QUE NO SE AGOTAN

*Ora para que tu iglesia sea «como jardín bien regado, como manantial cuyas aguas no se agotan» en tu comunidad (v. 11).*

Ora para que tu familia de la iglesia sea una presencia distintiva, refrescante y hermosa en tu área mientras ofrece el agua de la vida a todos los que están sedientos. Pide que muchas personas perdidas sean atraídas a tener al Señor como su «guía… siempre» (v. 11).

# 5 RAZONES PARA ORAR

POR TU COMUNIDAD

# LAS PRISONES

## HECHOS 16:25-40

## PERSONAS Y LUGARES POR LOS QUE ORAR:

_____

_____

_____

_____

## AGRADECE A DIOS

*Agradece a Dios por esta verdad: «Cree en el Señor Jesús; así tú y tu familia serán salvos» (v. 31).*

Realmente es así de sencillo. Agradece a Dios, la salvación está al alcance de cualquiera. El corazón de nadie es demasiado malo, y el pasado de nadie es demasiado trágico. Los crímenes de nadie son tan malos que no pueden ser cubiertos por la muerte de Cristo en la cruz, y la vida de nadie es tan desordenada que no puede ser transformada por el Espíritu Santo.

*Entonces, ora por tu prisión más cercana y pídele a Dios por...*

## CREYENTES QUE HABLEN

*«Luego les expusieron la palabra de Dios a él y a todos los demás que estaban en su casa» (v. 32).*

Ora para que Dios provea muchos creyentes para que hablen la Palabra de Dios en este lugar. Ora por el trabajo de los conserjes de la prisión, y por los guardias, los visitantes y los reclusos cristianos. Ora para que cada uno de ellos hable fielmente de Jesús a los que lo rodean.

 **OYENTES QUE CREAN**

*«… y se alegró mucho junto con toda su familia por haber creído en Dios» (v. 34).*

En el espacio de solo siete versículos, el carcelero pasa de un temor suicida (v. 27) a una alegría desbordante (v. 34). Ora para que muchos en esta prisión experimenten una transformación similar al escuchar y creer el evangelio.

**UN TRATO JUSTO**

*«… ¿Cómo? A nosotros, que somos ciudadanos romanos, que nos han azotado públicamente y sin proceso alguno, y nos han echado en la cárcel, ¿ahora quieren expulsarnos a escondidas? ¡Nada de eso! Que vengan ellos personalmente a escoltarnos hasta la salida» (v. 37).*

Ora para que se haga justicia sin prejuicios, y para que cada persona en esta prisión sea tratada con justicia y dignidad.

# 5 UNA IGLESIA AMOROSA

*«Al salir de la cárcel, Pablo y Silas se diri-*
*gieron a la casa de Lidia, donde se vieron*
*con los hermanos y los animaron...» (v. 40).*

Ora para que tu iglesia sea un lugar que acoja a los exconvictos, incluso cuando no sean como Pablo y Silas. Pídele a Dios que te dé gracia para amar a las personas difíciles a las que la sociedad no quiere dar una segunda oportunidad.

# 5

## RAZONES PARA ORAR

### POR TU NACIÓN

# EL GOBIERNO

## 1 TIMOTEO 2:1-6

## POLÍTICOS POR LOS QUE ORAR:

_____

_____

_____

_____

## AGRADECE A DIOS

*«Así que recomiendo [...] que se hagan [...] acciones de gracias por todos, especialmente por los gobernantes y por todas las autoridades...» (vv. 1-2).*

La Biblia nos recomienda a dar gracias por nuestros gobernantes, así que hazlo ahora. Los buenos gobiernos proporcionan orden, reprimen la maldad, facilitan la cooperación humana y protegen a los vulnerables, y todas estas son cosas que Dios ama. Así que da gracias por las formas específicas en las que tu gobierno está haciendo esto. Pide a Dios que te haga más consciente de ofrecer «plegarias, oraciones [y] súplicas» por tu gobierno también.

*Ora para que tu gobierno permita...*

## PAZ Y TRANQUILIDAD

*«... para que tengamos paz y tranquilidad...» (v. 2).*

Ora para que Dios use las políticas de tu gobierno para mejorar el bienestar y promover la paz: paz entre naciones, paz entre comunidades y paz dentro de las familias.

 **QUE FLOREZCA LA PIEDAD**

> *Ora para que el gobierno proteja la libertad de culto y permita a los cristianos vivir «una vida piadosa y digna» (v. 2).*

Ora para que tu gobierno dé a los cristianos la libertad de obedecer la ley de Dios y vivir como Él nos dice. Ora por cualquier forma específica en que esto esté amenazado.

 **EL CONOCIMIENTO DE LA VERDAD**

> *«Esto es bueno y agradable a Dios nuestro Salvador, pues él quiere que todos sean salvos y lleguen a conocer la verdad» (vv. 3-4).*

En comparación con la situación de los primeros lectores de Pablo, es muy posible que tu gobierno te conceda ya una considerable libertad de culto. ¡Así que ora para que la Iglesia haga buen uso de ella! Ora para que no nos contentemos con vivir en una comodidad enclaustrada, sino que lleguemos urgentemente a los que nos rodean con «la verdad» del evangelio, para que «sean salvos».

# 5 ALABA A DIOS

*Alaba a Dios porque hay un «mediador entre Dios y los hombres, Jesucristo hombre, quien dio su vida como rescate por todos...» (vv. 5-6).*

Dios ha proporcionado lo que «todos» en tu nación necesitan: un rescate. Ora por los políticos en particular, pidiendo que vean su necesidad de un mediador y reconozcan a Cristo como el único camino para ser salvos.

# 5 RAZONES PARA ORAR

## POR TU NACIÓN

# EL SISTEMA JUDICIAL

## ROMANOS 13:1-7

**PERSONAS POR LAS QUE ORAR:**

_____

_____

_____

_____

 **AGRADECE A DIOS**

> _«... pues no hay autoridad que Dios no haya dispuesto, así que las que existen fueron establecidas por él. [...] pues está al servicio de Dios para tu bien...»_ _(vv. 1, 4)._

Agradece a Dios por haber establecido el sistema de justicia en tu nación. Agradécele por los legisladores, las fuerzas policiales, los tribunales, los jueces y los jurados, todo lo cual ha establecido para «[nuestro] bien», para frenar la maldad humana y permitir el florecimiento de la sociedad.

_Entonces, ora para que las autoridades..._

**2 APRUEBEN EL BIEN**

> _«... Haz lo bueno, y tendrás su aprobación»_ _(v. 3)._

Ora por los que hacen, interpretan y aplican la ley; para que al hacerlo, aprueben lo que es verdaderamente «bueno» a los ojos de Dios (aunque ellos mismos no lo reconozcan) y lleven a cabo sus funciones de manera justa y recta. Ora también por los cristianos que trabajan en la policía y en el sistema judicial. Pide a Dios que los ayude a «[hacer] lo bueno» en su trabajo diario.

### CASTIGUEN LAS INFRACCIONES

*«... pues está al servicio de Dios para impartir justicia y castigar al malhechor» (v. 4).*

Pide a Dios que ayude a las autoridades a llevar a los malhechores ante la justicia. Ora para que los culpables sean atrapados, llevados a juicio, juzgados con justicia, declarados culpables y castigados adecuadamente, porque esta es la voluntad de Dios.

### RECIBAN LA DEBIDA SUMISIÓN

*«Así que es necesario someterse a las autoridades...» (v. 5).*

¡Ora para que la gente cumpla la ley! No solo en lo que se refiere a los delitos mayores («no solo para evitar el castigo»), sino también en las ofensas menores que normalmente no se descubren («sino también por razones de conciencia»). Considera y confiesa a Dios las veces que no te has sometido a la ley.

# 5 SEAN RESPETADAS

*«Paguen a cada uno lo que le corresponda: [...] al que deban respeto, muéstrenle respeto; al que deban honor, ríndanle honor»* (v. 7).

Ora para que la policía y las autoridades judiciales sean respetadas por tu cultura, no necesariamente porque su conducta sea siempre honorable, sino porque Dios las ha puesto en una posición de autoridad. Pide a Dios que te ayude a darles respeto y honor también en tu propio corazón.

# 5

## RAZONES PARA ORAR

### POR TU NACIÓN

# LAS FUERZAS ARMADAS

## SALMO 46

## PERSONAS Y LUGARES POR LOS QUE ORAR:

_____

_____

_____

_____

*Padre, por favor ayuda a los militares a…*

 **NO TEMER**

> *Agradece a Dios que «es nuestro amparo y nuestra fortaleza, nuestra ayuda segura en momentos de angustia. Por eso, no temeremos» (vv. 1-2).*

Pídele a Dios que te ayude a no tener miedo de la seguridad internacional, ni a preocuparte excesivamente por las personas que amas. Pide a Dios que dé al personal militar este mismo valor ante los problemas, el valor que proviene de conocer al Gobernante del universo como su Padre celestial. Piensa también en las familias que están esperando en casa; ora para que conozcan a Dios con ellos, ayudándoles a confiarle sus miedos.

## ALABAR A DIOS

> *«Se agitan las naciones, se tambalean los reinos; Dios deja oír su voz, y la tierra se derrumba» (v. 6).*

¿Qué naciones están alborotadas? ¿Qué regímenes del mundo están luchando por mantenerse en el poder? Alaba a Dios porque gobierna todas estas situaciones: Su voz es lo suficientemente poderosa como para hacer que la tierra se derrita.

## 3 ESTABLECER LA PAZ

*«Ha puesto fin a las guerras en todos los confines de la tierra...» (v. 9).*

¿Dónde están tus fuerzas armadas actualmente? Clama a Dios para que ponga fin a este conflicto y establezca pronto la paz en esa región. Agradece a Dios que un día cada tanque, cada misil y cada pieza de blindaje serán obsoletos cuando se establezca Su nueva creación.

## 4 CONOCER A DIOS

*«Quédense quietos, reconozcan que yo soy Dios...» (v. 10).*

Ora por el trabajo de los capellanes de las fuerzas armadas, y por el personal militar cristiano y sus familias. Ora para que en el ajetreo de la vida de servicio, tomen tiempo para escuchar a Dios en Su Palabra y disfruten de Su presencia diariamente. Pide que a través de su paciente testimonio, muchas más personas en sus fuerzas armadas lleguen a saber que el Señor es Dios, y encuentren su descanso en Él.

# 5 MOSTRAR LA GLORIA DE DIOS

*«... ¡Yo seré exaltado entre las naciones!*
*¡Yo seré enaltecido en la tierra!» (v. 10).*

En la complejidad moral de los conflictos internacionales, a menudo es difícil saber por qué orar, o cuál sería la mejor solución. En momentos como este, podemos pedir con confianza que Dios sea glorificado: *Dios, que tu nombre sea exaltado entre las naciones; Dios, que tu nombre sea exaltado en la tierra.*

# 5

## RAZONES PARA ORAR

### POR TU NACIÓN

# LOS MEDIOS DE COMUNICACIÓN

### ZACARÍAS 8:16-22

## PERSONAS POR LAS QUE ORAR:

_____

_____

_____

_____

*Padre celestial, gracias porque tu Palabra nos muestra la mejor manera de vivir en tu mundo. Así que, por favor, ayuda a los medios de comunicación a...*

 **DECIR LA VERDAD**

> *«Lo que ustedes deben hacer es decirse la verdad...» (v. 16).*

Ora para que los medios de comunicación produzcan contenidos veraces, no falsos, ni embellecidos, ni injustamente sesgados. Y pídele a Dios que te ayude a ser un consumidor con criterio de los medios de comunicación, capaz de distinguir sabiamente la verdad de la falsedad, y los hechos de la opinión.

**PROMOVER LA JUSTICIA**

> *«... y juzgar en sus tribunales con la verdad y la justicia...» (v. 16).*

Ora para que los medios de comunicación promuevan la causa de la justicia en tu país. Pide que galvanicen al público; informen con precisión y equidad sobre los juicios; actúen con consideración hacia las víctimas;

y resistan la tentación de manchar la reputación de los acusados.

### ③ DESCUBRIR EL MAL

*«No maquinen el mal contra su prójimo...»* *(v. 17).*

El buen periodismo descubre la maldad, expone la corrupción y pone de relieve la negligencia, sacándola de las sombras para llamar la atención del público. Agradece a Dios por algunos ejemplos recientes en los que esto ha sucedido. Ora para que los medios de comunicación de tu país hagan cada vez más estas cosas.

### ④ ODIAR LA FALSEDAD

*«..., ni sean dados al falso testimonio...»* *(v. 17).*

El buen periodismo también obliga a los poderosos a rendir cuentas. Ora especialmente para que los medios de comunicación tengan un efecto agudo sobre tu gobierno, presionándolo para que cumpla sus promesas y honre su palabra.

### ⑤ BUSCAR AL SEÑOR

*«Y muchos pueblos y potentes naciones vendrán a Jerusalén en busca del Señor Todopoderoso y de su bendición»* *(v. 22).*

Tenemos el privilegio de vivir en la era del evangelio, que profetas como Zacarías esperaban, cuando la gente de todo el mundo está llegando a conocer al Señor Todopoderoso a través de Cristo. Ora para que Dios utilice los medios de comunicación en tu país como una herramienta para este fin. Ora por personas específicas que conozcas (o que leas, o veas, o escuches) que trabajen en los medios de comunicación. Pide que estén entre los «muchos pueblos» que alaben a Dios en la nueva Jerusalén.

# 5 RAZONES PARA ORAR

## POR TU NACIÓN

# EL TRÁFICO DE PERSONAS

## SALMO 10

## PERSONAS Y ORGANIZACIONES BENÉFICAS POR LAS QUE ORAR:

_____

_____

_____

_____

## SEÑOR, MÍRALOS

*[El malvado] se dice a sí mismo: «Dios se ha olvidado. Se cubre el rostro. Nunca ve nada» (v. 11). ¡Agradece a Dios que esto no es cierto!*

Hay miles de víctimas de la trata de personas y de la esclavitud que viven en tu país (y más de 20 millones en todo el mundo). La mayoría de nosotros no sabe quiénes son ni dónde viven, pero agradece a Dios que Él sí lo sabe. Dios conoce a cada una de las víctimas por su nombre y ve a cada uno de los agresores, y se preocupa profundamente por ellos.

## SEÑOR, DETENLOS

*«¡Levántate, Señor! ¡Levanta, oh Dios, tu brazo! [...] ¡Rómpeles el brazo al malvado y al impío!...» (vv. 12, 15).*

Pide a Dios que intervenga para detener las perversas acciones de los traficantes de personas. Ora para que rompa su poder y libere a muchos de la esclavitud.

## SEÑOR, AYÚDALOS

> *«... Las víctimas confían en ti; tú eres la ayuda de los huérfanos»* (v. 14).

Ora para que los que están actualmente en situación de esclavitud clamen a Dios en su impotencia y para que los ayude. Ora por las iglesias y las organizaciones benéficas cristianas que trabajan con las víctimas de la trata. Pide que a través de su trabajo muchas personas vulnerables lleguen a conocer a Dios como su Padre celestial a través de Cristo.

## SEÑOR, CASTÍGALOS

> *«... ¡Pídeles cuentas de su maldad, y haz que desaparezcan por completo!»* (v. 15).

Pide a Dios que utilice las fuerzas policiales y el sistema judicial para encontrar, perseguir y castigar a los traficantes. Y alégrate de que, aunque los jueces humanos fallen, Cristo será un juez perfecto, y un día, Dios hará que *todos* los malhechores rindan cuentas de sus actos.

## SEÑOR, VUELVE PRONTO

> *Alégrate de que un día «el hombre, hecho de tierra, no [seguirá] ya sembrando el terror»* (v. 18).

Agradece a Dios que ha prometido hacer una nueva creación libre de todo dolor y temor; ruega que lo haga pronto. Hazte eco en tu propio corazón de las palabras del apóstol Juan: «Amén. ¡Ven, Señor Jesús!» (Apoc. 22:20).

# 5

## RAZONES PARA ORAR

### POR TU NACIÓN

# NIÑOS ACOGIDOS

## DEUTERONOMIO 10:14-22

## PERSONAS Y FAMILIAS POR LAS QUE ORAR:

_____

_____

_____

_____

*Utiliza esto para orar por los niños y jóvenes adoptados, acogidos o bajo el cuidado de los servicios sociales.*

## ELEGIDO

> «*Al Señor tu Dios le pertenecen los cielos y lo más alto de los cielos, la tierra y todo lo que hay en ella. Sin embargo, él se encariñó con tus antepasados y los amó; y a ti, que eres su descendencia, te eligió de entre todos los pueblos...*» (vv. 14-15).

Alaba a Dios por esa impresionante verdad. Agradécele que «te eligió» y te ha adoptado como hijo suyo. Agradece por darnos la adopción humana como una imagen de esta extravagante adopción divina.

## PROTEGIDO

> «*Él defiende la causa del huérfano y de la viuda...*» (v. 18).

Agradece a Dios que esté del lado de los que no tienen a nadie que los cuide. Ora para que permita que los servicios sociales, la policía y los tribunales de familia protejan a los niños vulnerables y luchen por sus intereses.

## AMADO

*«... y muestra su amor por el extranjero, proveyéndole ropa y alimentos. Así mismo debes tú mostrar amor por los extranjeros...» (vv. 18-19).*

Dios ordena a Su pueblo que se ocupe de los necesitados, así que ora para que más cristianos abran sus casas, sus corazones y sus carteras por el bien de los niños y adolescentes necesitados. Y pídele a Dios que te muestre cómo quiere que vivas Su cuidado por los vulnerables.

## FIRMEZA

*«Teme al Señor tu Dios y sírvele. Aférrate a él...» (v. 20).*

Ora por los cristianos que conozcas y que sean padres de niños acogidos o adoptados. Ora para que se aferren a Dios en todos los desafíos que esto conlleva, buscando servirle a Él en primer lugar, y sometiendo todos sus miedos y preocupaciones a Él en oración.

# 5 HIJOS DE DIOS

*«… él es tu Dios, el que hizo en tu favor las grandes y maravillosas hazañas que tú mismo presenciaste» (v. 21).*

Presenta ante Dios a los niños acogidos o adoptados que conozcas. Pídele que les abra los ojos para que comprendan Su salvación «grande y maravillosa» por medio de Cristo, para que un día disfruten de la seguridad de tener a Jehová también como «su Dios».

# 5 RAZONES PARA ORAR

POR TU NACIÓN

## ORAR TRAS UNA TRAGEDIA

JUAN 11:1-44

## PERSONAS Y SITUACIONES POR LAS QUE ORAR:

_____

_____

_____

_____

*Algunos incidentes pueden sacudir a toda una nación con horror y dolor. En esos momentos, ora para que la gente...*

## CLAME A JESÚS

> *«Las dos hermanas mandaron a decirle a Jesús...» (v. 3).*

Ante la abrumadora tragedia de la muerte, en última instancia solo hay una persona a la que podemos acudir en busca de ayuda: Jesús. Así que invócalo ahora. Y ora para que, cuando la gente que te rodea esté angustiada y perpleja por la tragedia, esto la haga clamar también a Jesús.

## VEA LA GLORIA DE DIOS

> *«... es para la gloria de Dios, para que por ella el Hijo de Dios sea glorificado» (v. 4).*

Las catástrofes a menudo nos hacen preguntarnos: «¿Por qué, Dios?». Pero sabemos que Dios, en Su soberanía, teje todos los acontecimientos para glorificar a Su Hijo, incluso cuando, desde una perspectiva humana, eso parece imposible. Y la gloria de Dios es lo que más importa, así que ora para que sea glorificado, incluso mientras te regocijas en la certeza de que lo será.

## RECIBA LA VIDA ETERNA

*«Yo soy la resurrección y la vida. El que cree en mí vivirá, aunque muera; y todo el que vive y cree en mí no morirá jamás...»* (vv. 25-26).

Agradece a Jesús esta promesa. Agradécele que Su resurrección garantiza tu resurrección. Ora por algunas de las personas afectadas por esta tragedia: pide que lleguen a «creer en [Jesús]», para que un día «[vivan], aunque [mueran]».

## CONOZCA QUE JESÚS SE PREOCUPA

*«Al ver llorar a María [...] Jesús se turbó y se conmovió profundamente. [...] Jesús lloró»* (vv. 33, 35).

Agradece a Jesús que sabe lo que se siente al llorar de pesar. Ora para que las personas afectadas por esta tragedia vean a Jesús como nosotros lo vemos en esta historia: profundamente afligido por los que sufren, e indignado por la entrada del sufrimiento en Su creación. Pide a Dios que te dé un corazón más compasivo, más parecido al de Cristo.

# 5 SEA TESTIGO DE LA INTERVENCIÓN DE DIOS

«*El muerto salió…*» (v. 44).

Así como el Padre aceptó la oración de Su Hijo (vv. 41-42), también acepta las oraciones del pueblo de Su Hijo. ¿Cómo podría intervenir Dios en esta situación para bien? (No pienses en algo demasiado pequeño, porque nuestro Dios no es pequeño). Entonces pídele que haga eso ahora.

# 5

## RAZONES
## PARA ORAR

### POR TU MUNDO

# UN LUGAR
# AFECTADO POR
# LA GUERRA
# O EL TERROR

## SALMO 56

## LUGARES Y PERSONAS POR LOS QUE ORAR:

_____

_____

_____

_____

Lleva ante Dios un lugar afectado por la guerra o el terror y ora…

## POR LOS ATACADOS

*«Ten compasión de mí, oh Dios, pues hay gente que me persigue. Todo el día me atacan mis opresores» (v. 1).*

Ora por las personas cuyas vidas están en peligro en este momento, tal vez en la línea de fuego, o gravemente enfermas en el hospital. Pide a Dios que se apiade de ellas y las proteja.

## POR LOS TEMEROSOS

*«Cuando siento miedo, pongo en ti mi confianza» (v. 3).*

Cuando vemos historias de guerra y terror en las noticias, nos sentimos vulnerables. Ora por algunas personas concretas que conozcas y que tengan miedo de un mundo que parece estar fuera de control: pide que esa sensación de impotencia las lleve a acudir a

Jehová, que tiene el control. Agradece a Dios que, cuando confiamos en Cristo, no tenemos que temer a la muerte; podemos decir con confianza, como David: «¿Qué puede hacerme un simple mortal?» (v. 4).

## POR LOS MALVADOS

*«¡En tu enojo, Dios mío, humilla a esos pueblos! ¡De ningún modo los dejes escapar!» (v. 7).*

Pide a Dios que se sirva de las autoridades o de la comunidad internacional para llevar a los culpables ante la justicia. Agradécele que ninguna maldad quedará impune, ya que un día todos se enfrentarán a Su perfecta justicia.

## POR LOS AFLIGIDOS

*«Toma en cuenta mis lamentos; registra mi llanto en tu libro. ¿Acaso no lo tienes anotado?» (v. 8).*

Agradece a Dios que escucha el llanto de los dolientes: ninguna lágrima derramada será olvidada o no tenida en consideración en el impecable ajuste de cuentas que Dios hará con el mundo en el día del juicio. Pídele que consuele a los afligidos en su miseria, especialmente con esta promesa.

# 5 POR LOS SOBREVIVIENTES

*«Tú, oh Dios, me has librado de tropie-*
*zos, me has librado de la muerte, para que*
*siempre, en tu presencia, camine en la luz*
*de la vida» (v. 13).*

Las noticias de las zonas de guerra siempre traen informes de víctimas, pero casi siempre traen también historias de sobrevivientes. Así que agradece a Dios por los que ha librado de la muerte física. Pide a Dios que les extienda también Su rescate espiritual, para que lleguen a ver a Jesús como la luz del mundo y pasen el resto de su vida caminando con Él.

# 5

## RAZONES PARA ORAR

### POR TU MUNDO

# UN LUGAR
# AFECTADO POR
# UNA
# CATÁSTROFE
# NATURAL

## 1 REYES 8:37-43

## LUGARES Y PERSONAS POR LOS QUE ORAR:

_____

_____

_____

_____

## AGRADECE A DIOS

*«... cuando venga cualquier calamidad o enfermedad, si luego cada israelita [...] ora y te suplica, óyelo tú desde el cielo...»* (vv. 37-39).

Salomón elevó esta oración en la inauguración del templo de Jerusalén. Pero cuando los cristianos oramos, tenemos aún más motivos de confianza que Salomón, porque no nos acercamos a Dios mediante un sacrificio animal, sino sobre la base del sacrificio perfecto de Su Hijo. Así sabemos con certeza que nuestro Padre celestial nos escucha. ¡Alaba a Dios por ese maravilloso privilegio!

## PERDONA

*Pide a Dios, «perdónalo» (v. 39).*

Los acontecimientos naturales a menudo se convierten en «desastres naturales» a causa de la codicia, la corrupción y el egoísmo humanos, y suelen ser los más vulnerables los que sufren las consecuencias.

Clama a Dios para que te perdone cuando esto ocurra. Ora para que, con Su misericordia, libre a las personas de las consecuencias del pecado humano.

 **ACTÚA**

*Pide a Dios que «[actúe]» en esta situación para salvar a muchos del daño (v. 39, LBLA).*

Ora por el trabajo de los organismos de ayuda en caso de catástrofe: pide a Dios que potencie sus esfuerzos para ayudar a los necesitados. Ora también por los gobiernos que tratan de responder a esta crisis: pide a Dios que los ayude a tomar decisiones sabias.

 **MUESTRA UNA GRACIA EXTRAVAGANTE**

*«... al extranjero que no pertenoce a tu pueblo [...]. Cuando ese extranjero venga y ore en este templo, óyelo tú desde el cielo [...] concédele cualquier petición que te haga...» (vv. 41-43).*

Sea cual sea la religión de la gente o la falta de ella, las catástrofes suelen hacer que se recurra a lo divino en busca de ayuda. Y aunque Dios no le debe una respuesta a nadie, Su carácter es clemente y misericordioso. Ora para que los afectados por esta catástrofe se dirijan de algún modo al Dios verdadero en busca de ayuda; y para que, en Su amor, Dios responda a las súplicas de los desesperados.

**DA A CONOCER SU NOMBRE**

> *«... Así todos los pueblos de la tierra conocerán tu nombre...» (v. 43).*

Pide a Dios que haga crecer la iglesia en esta nación. Ora para que, tras este desastre, cada vez más personas lleguen a conocer de verdad a Dios, revelado finalmente en la persona de Cristo.

# 5 RAZONES PARA ORAR

POR TU MUNDO

# UN LUGAR NO ALCANZADO POR EL EVANGELIO

**ROMANOS 10:1, 9-15**

## LUGARES Y PERSONAS POR LOS QUE ORAR:

_____

_____

_____

_____

*Utiliza esto para orar por las personas no alcanzadas, ya sea que estén en otro país o que vivan cerca de ti.*

## PERSONAS QUE ORAN

*«Hermanos, el deseo de mi corazón, y mi oración a Dios por los israelitas, es que lleguen a ser salvos» (v. 1).*

Arrepiéntete de las formas en que careces de la preocupación de Pablo por los perdidos. Pídele a Dios que haga que el «deseo de [tu] corazón, y [tu] oración» sea que estas personas se salven; que mientras oras por ellas ahora, el Espíritu moldee tu corazón para hacerlo más compasivo, como el de Cristo. Pide a Dios que te ayude a perseverar en la oración por ellos.

## AGRADECE A DIOS

*Agradece a Dios que «bendice abundantemente a cuantos lo invocan [...] todo el que invoque el nombre del Señor será salvo» (vv. 12-13).*

Dios no es escaso en Su gracia salvadora, sino que es excesivamente generoso. Gracias a Dios, tiene la intención de llevar a personas de todas las naciones, incluida esta, a una relación con Él.

## DECLARA Y CREE

> Ora para que la gente de esta nación «[confiese] con [su] boca que Jesús es el Señor y [crea] en [su] corazón que Dios lo levantó de entre los muertos» (v. 9).

Pide a Dios que establezca Su iglesia en esta parte del mundo.

## ENVÍA A ALGUIEN A PREDICAR

> «… ¿Y cómo oirán si no hay quien les predique?» (v. 14).

Ora por los creyentes que conozcas y que ya estén buscando compartir el evangelio aquí. Pídele a Dios que los haga fieles, para comunicar claramente la verdad inmutable de la Palabra de Dios; y pídele que los haga flexibles, para que lo hagan de manera que deje huella en esta cultura particular. Pide a Dios que levante muchos más hombres y mujeres dispuestos a renunciar al interés propio y a asumir el riesgo de predicar las buenas nuevas en esta zona.

# 5 IMPULSA A LAS IGLESIAS A ENVIAR

*« ¿Y quién predicará sin ser enviado?...»*
*(v. 15).*

Ora para que tu iglesia sea una iglesia generosa de envío, dispuesta a dar dinero y a desprenderse de personas para llegar a los no alcanzados. ¡Pide a Dios que incluso envíe a alguien de tu iglesia a esta comunidad en particular! Luego ora por otras iglesias alrededor del mundo, para que también respondan al llamado de enviar obreros a este lugar.

# 5

## RAZONES PARA ORAR

### POR TU MUNDO

# UN LUGAR DONDE LOS CRISTIANOS SON PERSEGUIDOS

**2 CORINTIOS 4:7-15**

## LUGARES Y PERSONAS POR LOS QUE ORAR:

_____

_____

_____

_____

*Padre, ayuda a los cristianos de este país a...*

## 1 MOSTRAR EL PODER DE DIOS

*«Pero tenemos este tesoro en vasijas de barro para que se vea que tan sublime poder viene de Dios y no de nosotros» (v. 7).*

Agradece a Dios por el «tesoro» del evangelio: el conocimiento de «la gloria de Dios que resplandece en el rostro de Cristo» (v. 6). Agradece a Dios por cómo, a lo largo de la historia, siempre se ha servido de personas débiles para llevar Su evangelio. Ora para que, aunque la iglesia de esta nación parezca débil según los criterios humanos, Dios actúe a través de ella para mostrar Su poder omnipotente.

## 2 NO DESESPERAR

*«Nos vemos atribulados en todo, pero no abatidos; perplejos, pero no desespera-dos» (v. 8).*

¿Conoces a algunos creyentes en particular que estén especialmente «atribulados» en este momento? Ora por ellos. Pide a Dios que los anime con Su Palabra hoy, para que se aferren a la esperanza y no desesperen.

## ESTAR PROTEGIDOS

*«... perseguidos, pero no abandonados; derribados, pero no destruidos» (v. 9).*

Ora para que estos cristianos recuerden que «no [están] abandonados», no se enfrentan solos a sus persecuciones, sino que tienen el propio Espíritu de Cristo habitando en ellos. Y pide a Dios que proteja a esta iglesia, para que, aunque esté siendo derribada, Él impida que sea completamente destruida.

## HABLAR CON VALENTÍA

*«... también nosotros creemos, y por eso hablamos» (v. 13).*

Ora para que los creyentes de este país hablen de su fe a los demás, incluso cuando eso los ponga en peligro. Pide a Dios que los llene de la misma confianza que tuvo Pablo frente a la muerte: «Pues sabemos que aquel que resucitó al Señor Jesús nos resucitará también a nosotros con él...» (v. 14).

# 5 LLEGAR A MÁS CON GRACIA

*«Todo esto es por el bien de ustedes, para que la gracia que está alcanzando a más y más personas haga abundar la acción de gracias para la gloria de Dios»* (v. 15).

Ora para que más y más personas en este país experimenten la alegría de la gracia salvadora de Dios. Un día en la eternidad estarás al lado de creyentes de esta nación, agradeciendo y glorificando a Jesús, y puedes empezar a hacerlo ahora.

# 5 RAZONES PARA ORAR

POR TU MUNDO

## UN PAÍS POSCRISTIANO

### 1 CORINTIOS 1:18–2:5

## LUGARES Y PERSONAS POR LOS QUE ORAR:

*Ora para que una nación que rechaza su pasado cristiano tenga...*

## 1 CONFIANZA EN LA CRUZ

> *«... El mensaje de la cruz es una locura para los que se pierden; en cambio, para los que se salvan, es decir, para nosotros, este mensaje es el poder de Dios» (1:18).*

Agradece a Dios que haya proporcionado un medio para aplastar el poder del pecado y de la muerte: la cruz de Cristo. Pídele a Dios que dé a Su pueblo una verdadera confianza en este mensaje, incluso cuando los valores de la Biblia sean ridiculizados por su cultura. Pero el mensaje de la cruz puede salvar y salvará, así que ora para que los cristianos de esta nación reclamen ese mensaje sin miedo.

## 2 DUDA EN LA SABIDURÍA HUMANA

> *«... Destruiré la sabiduría de los sabios; frustraré la inteligencia de los inteligentes» (1:19).*

«No existe la verdad absoluta»; «Si se siente bien, debe ser correcto»; «Lo que se ve es lo único que hay». Pide a Dios que muestre a la gente la inutilidad de sus visiones del mundo, para que vean esta «sabiduría» mundana como lo que realmente es: mentiras.

## 3 HUMILDAD ANTE DIOS

*«Pero Dios [...] escogió lo débil del mundo para avergonzar a los poderosos [...] a fin de que en su presencia nadie pueda jactarse» (1:27-29).*

Ora para que el pueblo de Dios en esta nación tenga un genuino sentido de su propia debilidad, para que tenga una sana humildad ante Él. Ora para que esto los haga depender más de Él en oración.

## 4 REDENCIÓN A TRAVÉS DE CRISTO

*Alabas a Dios por esta verdad: «Pero gracias a [Dios] ustedes están unidos a Cristo Jesús, a quien Dios ha hecho nuestra sabiduría —es decir, nuestra justificación, santificación y redención» (1:30).*

Pide a Dios que redima a muchas personas de esta nación, haciéndolas justas con Él por medio de Cristo Jesús. Ora por los nombres de las personas que conoces.

# 5 UNA OBRA DEL ESPÍRITU DE DIOS

> *«No les hablé ni les prediqué con palabras sabias y elocuentes, sino con demostración del poder del Espíritu»* (2:4).

Agradece a Dios que Su obra no depende de nuestra habilidad. Ora para que la iglesia de este país nunca se deje engañar y piense que lo que más necesita es un argumento de venta más hábil: necesita el poder del Espíritu. Así que pídele a Dios que haga una gran obra por Su Espíritu en esta nación.

# 5 RAZONES PARA ORAR

POR TU MUNDO

## UN PAÍS RELIGIOSO

**HECHOS 14:8-23**

## LUGARES Y PERSONAS POR LOS QUE ORAR:

_____

_____

_____

_____

*Ora por un país religioso, pero no cristiano...*

 **POR ROPAS RASGADAS**

> *«Al enterarse de esto los apóstoles Bernabé y Pablo, se rasgaron las vestiduras y se lanzaron por entre la multitud» (v. 14).*

Cuando la gente de Listra intentó adorar a Pablo y Bernabé, los apóstoles se sintieron tan apenados que se rasgaron las vestiduras. Y la idea de que millones de personas practiquen una religión falsa, tal vez sin haber oído nunca el nombre de Jesús, debería afligirnos profundamente a nosotros también. Pídele a Dios que imprima esto en tu corazón. Ora para que, como Pablo y Bernabé, te sientas impulsado a dar una respuesta urgente ahora mismo: la oración.

**POR BUENAS NUEVAS**

> *«... Las buenas nuevas que les anunciamos...» (v. 15).*

Agradece a Dios por el evangelio, que podemos ser perdonados y aceptados por Dios a través de la muerte y resurrección de Cristo Jesús. Pide a Dios que levante más mensajeros de esta buena noticia, para que muchas personas «dejen estas cosas sin valor y se vuelvan al Dios viviente».

 **POR EL TESTIMONIO DE DIOS**

> *«... no ha dejado de dar testimonio de sí mismo...» (v. 17).*

Da gracias a Dios por «[hacer] el bien» a la gente de esta nación dándoles comida, y dando «alegría de corazón». ¡Qué gracia! Ora para que este testimonio señale a la gente al Dios de la gracia. Agradece a Dios por darnos también un testimonio aún más claro: la historia de Jesús en las palabras de la Biblia. Ora para que muchos la lean y respondan a ella.

**POR RESISTENCIA EN LAS DIFICULTADES**

> *«... Es necesario pasar por muchas dificultades para entrar en el reino de Dios...» (v. 22).*

¿Qué dificultades podrían estar enfrentando los cristianos en esta nación? Ora para que estos discípulos sean fortalecidos y alentados frente a las dificultades (v. 21), mientras mantienen sus ojos fijos en el reino eterno de Dios (v. 22).

# POR UNA IGLESIA SANA

*«En cada iglesia nombraron ancianos y, con oración y ayuno, los encomendaron al Señor...» (v. 23).*

Pide a Dios que establezca Su iglesia en este lugar, una red completa de congregaciones sanas y prósperas. Ora para que sus ancianos sean pastores fieles y piadosos. Tal vez conozcas una iglesia o un pastor en particular; encomiéndalos al Señor por nombre.

# 5 RAZONES PARA ORAR

POR TU MUNDO

# UN MISIONERO

## 2 TIMOTEO 1:7-13

## LUGARES Y PERSONAS POR LOS QUE ORAR:

_____

_____

_____

_____

*Padre, ayuda a este misionero a...*

 ## AMAR CON FUERZA

*«Pues Dios no nos ha dado un espíritu de timidez, sino de poder, de amor y de dominio propio» (v. 7).*

El amor impulsado por el Espíritu no es «tímido» a la hora de ponerse al servicio de los demás, sino que está dispuesto a arriesgarse a amar como Jesús, de palabra y de obra. Así que pídele a Dios que llene a este misionero de amor radical: amor por los creyentes locales, amor por los compañeros de equipo y amor por los que están perdidos sin Cristo.

## SUFRIR BIEN

*«... tú también, con el poder de Dios, debes soportar sufrimientos...» (v. 8).*

¿Qué tipo de sufrimiento podría estar desgastando a esta misión? ¿Enfermedad? ¿Hostilidad? ¿Soledad? Ora para que el poderoso Espíritu de Dios lo ayude a resistir. Pide a Dios que le asegure que vale la pena sufrir por Su evangelio. (Y tal vez tú podrías ser la respuesta a tu propia oración por el poder del correo electrónico o una carta).

 ## SER SANTO

*«Pues Dios nos salvó y nos llamó a una vida santa…» (v. 9).*

Agradece a Dios por haber salvado a este misionero y haberlo llamado a seguir a Jesús. Ora para que crezca en santidad mientras lucha contra el pecado.

 ## RECORDAR LA GRACIA

*Agradece a Dios que «nos salvó […] no por nuestras propias obras, sino por su propia determinación y gracia. Nos concedió este favor en Cristo Jesús antes del comienzo del tiempo» (v. 9).*

La obra de Dios es toda de gracia: ora para que esta verdad guarde a este misionero del orgullo cuando las cosas van bien, y lo guarde del desánimo cuando las cosas van mal.

 ## ENSEÑAR CON FIDELIDAD

*«Con fe y amor en Cristo Jesús, sigue el ejemplo de la sana doctrina que de mí aprendiste» (v. 13).*

Pide a Dios que proteja a Su iglesia de las falsas enseñanzas. Ora para que este misionero sea un ejemplo de «sana doctrina» fielmente enseñada, sabiamente aplicada y centrada en Cristo Jesús. ¿Dónde, cuándo y a quién enseña este misionero la Biblia? Ora por esas ocasiones ahora.